31
황금 손을 가진 미다스

주니어RHK

신화의 가치

신화는 한 민족의 기원이나 역사적 · 종교적 · 문화적 삶의 모습을 보여 주는 옛이야기입니다. 주로 신과 영웅에 관한 이야기가 많고, 오랫동안 입에서 입으로 전해 내려왔다는 특징이 있지요.

우리가 살펴볼 그리스 로마 신화는 고대 그리스와 로마에 전해 오는 신화와 전설을 한데 묶은 것입니다. 그리스 로마 신화는 고대의 삶을 엿보게 해 주는 문화유산일 뿐만 아니라, 세계 여러 나라의 문학과 미술에 큰 영향을 끼쳤습니다. 하지만 문화적 가치만큼이나 중요한 것이 또 있습니다. 오래된 옛이야기이면서도 거기에 담긴 교훈적 가치가 오늘날에도 여전히 쓸모 있고 중요하다는 사실입니다.

놀랍지 않나요? 수천 년 전의 이야기가 어떻게 과학 문명이 고도로 발달한 오늘날에도 통하는 것일까요? 그것은 바로 그리스 로마 신화에 나오는 신과 영웅의 모습이 오늘날 우리의 모습과 다르지 않기 때문입니다. 신들도 우리처럼 분노하고, 질투하고, 실수를 하지요. 그런 모습을 보면서 우리는 깔깔 웃거나 눈물을 흘리고, 교훈과 감동을 얻습니다. 우리가 그리스 로마 신화를 읽어야 하는 까닭이 바로 이것입니다.

신화의 세계로 떠날 여러분에게 한마디 덧붙이자면, 신화는 우리에게 끝없는 상상력을 요구한다는 점입니다. 신화 속에는 수많은 은유와 상징이 곳곳에 널려 있지요. 따라서 신화를 읽을 때에는 상상력을 최대한 발휘하여 신화 속에 숨겨진 의미를 찾고, 그것을 자기 나름대로 재해석하는 과정이 필요합니다. 이렇게 읽었을 때에야 비로소 여러분 앞에 놀라운 삶의 이야기가 펼쳐질 것입니다.

자, 그럼 흥미진진한 신화의 세계 속으로 함께 떠나 볼까요?

프리기아의 왕 미다스는 어느 날 우연히

포도주와 축제의 신 디오니소스를 만납니다.

디오니소스는 미다스의 소원을 들어주지만

미다스 왕은 그토록 원하던 소원을 되돌리기 위해

다시 디오니소스를 찾아 길을 떠납니다.

과연 무슨 일이 있었던 걸까요?

주요 등장인물

디오니소스

제우스와 세멜레 사이에서 태어난
술의 신이에요. 포도를 재배하는 기술과
포도주 만드는 법을 발견해서
인간들에게 전해 주었어요.

미다스 왕

프리기아의 왕으로,
나라를 잘 다스리고 싶어 해요.
디오니소스가 소원을 들어주어
손으로 만지는 것은 무엇이든
황금으로 변해요.

1
프리기아의 왕 미다스

프리기아에 가뭄이 들어 먹을 것이 크게 줄어들었습니다.

"임금님, 올해는 수확량이 크게 줄어
백성들의 걱정이 이만저만이 아닙니다."

옛날에 프리기아라는 나라가 있었습니다. 그 나라는 오랫동안 크고 작은 전쟁으로 고통을 받았습니다. 그래서 백성들은 하루 빨리 자신들을 보호해 줄 위대한 왕이 나타나길 바랐습니다.

어느 날 예언자가 곧 수레를 타고 가족이 올 텐데, 그 아버지가 나라의 왕이 될 거라는 예언을 했습니다. 백성들은 그날을 기다렸습니다.

그리고 정말로 한 가족이 수레를 끌고 나타났습니다. 그 남자의 이름은 고르디우스였습니다. 백성들은 남자를 환영하며 왕좌에 앉혔고, 고르디우스는 프리기아를 평화롭고 살기 좋은 나라

로 만들었습니다.

고르디우스가 죽은 다음에는 아들 미다스가 왕이 되어 나라를 더 살기 좋게 만들었습니다.

프리기아 왕국에 얽힌 이야기-고르디우스의 매듭

고르디우스는 왕이 된 뒤에, 신에게 감사하는 마음으로 타고 온 마차를 신전에 바쳤어요. 그리고 마차를 신전에 꽁꽁 묶은 다음, 누구든지 이 매듭을 푸는 자가 아시아의 왕이 될 것이라고 말했어요. 고르디우스가 마차에 묶은 매듭을 '고르디우스의 매듭'이라고 해요. 어찌나 세게 매듭을 묶었는지 한동안 아무도 그 매듭을 못 풀었대요. 그런데 마케도니아의 알렉산드로스 대왕이 이 매듭을 풀었지요. 알렉산드로스 대왕은 아무리 해도 매듭이 풀리지 않자 칼로 매듭을 잘라 버렸어요. 정확히 말하면 푼 게 아니지요. 하지만 그 뒤 알렉산드로스 대왕은 정말로 아시아의 왕이 되었고, 사람들은 그가 신의 뜻을 정확히 이해한 사람이라는 것을 깨달았어요. 그래서 '고르디우스의 매듭'은 오늘날 '대담한 방법을 써야 풀 수 있는 문제'라는 뜻으로 쓰인답니다.

하지만 일이 계속 잘 풀리지는 않았습니다. 부유하던 프리기아에 가뭄이 들어 먹을 것이 크게 줄어들었습니다.

"임금님, 올해는 수확량이 크게 줄어 백성들의 걱정이 이만저만이 아닙니다."

"그래, 나도 알고 있다. 일단 지난해에 거두어들인 곡식을 싸게 내놓아라."

미다스는 아버지가 온 힘을 기울여 쌓은 평화와 부를 망가뜨릴

까 봐 걱정했습니다.

'이렇게 무너질 수는 없어. 무슨 수를 써서라도 백성들을 배불리 먹여야 해. 아, 이럴 때 나에게 황금을 만들어 내는 능력이라도 있다면 얼마나 좋을까?'

미다스는 앉아서 걱정만 할 수 없어 밖으로 나가 직접 백성들의 상황을 둘러보기로 했습니다.

미다스는 신하들과 시장으로 가서 백성들에게 물었습니다.

"여보게, 올해 수확이 좀 어떤가?"

"아시다시피 가뭄 때문에 지난해의 절반밖에 되지 않습니다. 긴 겨울을 어떻게 날지 걱정입니다."

그때 한쪽에서 떠들썩한 소리가 들려왔습니다.

"무슨 소란이냐?"

미다스는 소리가 나는 쪽을 바라보다 키가 큰 한 남자를 보고 저도 모르게 외쳤습니다.

"디오니소스 님!"

2
축제와 술의 신, 디오니소스

"일행들은 모두 어디 가고 홀로 걷고 계셨습니까?"

"하하하. 내가 또 술을 많이 마셨나 봐. 분명히 같이 있었는데 어느새 나 혼자가 됐지 뭔가!"

디오니소스는 아버지가 제우스이고, 어머니는 인간인 세멜레입니다. 디오니소스가 아직 태어나기 전, 제우스는 세멜레를 만날 때마다 본래 모습을 감추었습니다. 인간이 제우스의 본 모습을 보게 되면, 강한 빛과 열에 다치기 때문이었습니다.

한편 제우스의 아내 헤라는 제우스와 세멜레가 만나는 것을 알고, 모습을 감춘 채 세멜레에게 접근했습니다. 그러면서 제우스의 본모습이 궁금하지 않느냐며 세멜레의 마음을 흔들었습니다.

그날 밤, 세멜레는 제우스에게 본모습을 보여 달라고 했습니다. 부탁을 들어주겠다고 이미 약속했던 제우스는 어쩔 수 없이 번갯불에 싸여 나타났고, 세멜레는 그 자리에서 타 죽었습니다.

제우스는 세멜레의 배 속에 있던 디오니소스를 꺼내 자기 허벅지에 넣고 품었습니다. 마침내 디오니소스가 태어나자 아기를 깊은 숲 속의 님프에게 맡겨 키우게 했습니다.

재가 된 세멜레

〈제우스와 세멜레〉 귀스타브 모로

제우스가 신의 모습으로 나타나자 순간 목숨을 잃는 세멜레를 표현한 그림이에요. 세멜레의 불행한 최후를 보여 주듯 무시무시하게 그려졌어요. 어두운 채색과 복잡한 장식들은 제우스를 마치 지하 세계의 신같이 무섭게 보이게 해요.

디오니소스는 깊은 숲 속에서 님프들과 어울리며 멋진 신으로 자랐습니다.

디오니소스는 활력이 넘치고 여기저기 떠돌아다니기를 좋아했습니다. 또 포도나무를 키우는 방법과 거기서 딴 포도로 술을 담그는 기술을 익혔습니다.

디오니소스는 사람들에게 술 담그는 기술을 가르쳐 주었습니다. 사람들은 포도주를 만들어 마시며 디오니소스를 칭송했습니

다. 이렇게 해서 디오니소스는 술의 신으로 불리게 되었습니다. 디오니소스가 가는 곳마다 많은 사람들이 그를 따랐습니다. 그를 따르는 여인들인 마이나데스는 디오니소스를 둘러싸고 축제를 벌이며 노래를 부르고 춤을 추었습니다. 또 숲의 신 판, *사티로스, 님프들이 그를 섬기고 따라 다녔습니다.

*사티로스 반은 사람, 반은 짐승의 모습을 하고 있는 괴물로, 디오니소스를 따름.

이날도 디오니소스는 프리기아를 여행하면서 술과 음악이 넘치는 흥겨운 축제를 벌였습니다.

"아, 오늘도 즐거운 날이구나. 마음껏 즐겨라."

디오니소스는 포도주를 연거푸 들이켰고, 디오니소스를 따르는 사람들도 마음껏 마시며 놀았습니다.

디오니소스는 그렇게 놀다가 마침 시장으로 들어선 것이었습니다.

"아, 기분 좋다. 술에 취하니 노래가 절로 나오는구나."

디오니소스는 비틀거리다가 마주 오던 사람을 보지 못하고 부딪혔습니다.

"어이쿠!"

상대방은 화가 나서 쏘아붙였습니다.

"당신 뭐야? 젊은 사람이 대낮부터 술에 취해 비틀대는 꼴이라니……."

흥겨운 디오니소스의 축제

〈디오니소스의 축제〉 제라르 드 래레스

디오니소스가 벌이는 축제 모습을 그린 그림이에요. 포도송이를 엮어서 만든 관을 쓰고 지팡이를 들고 있는 디오니소스가 가운데에 보여요. 또 피리와 심벌즈 등의 악기를 연주하는 사람, 춤추는 사람들이 보여요. 디오니소스가 벌이는 축제에는 항상 판과 사티로스, 님프들이 있었고, 특히 많은 여자들이 따라다녔어요.

그 순간 미다스가 디오니소스를 알아본 것입니다.

"멈추어라! 이 분이 누구인 줄 알고 지껄이는 것이냐?"

미다스는 달려가서 쓰러진 디오니소스를 일으켜 세웠습니다. 평소 디오니소스를 좋아하며 포도주 축제 날을 기다리던 미다스는 혼이 날 뻔한 디오니소스를 보고 기겁했습니다.

"여봐라! 당장 이분을 궁으로 모셔라."

미다스는 신하를 시켜 술에 취한 디오니소스를 궁으로 편안하게 모셨습니다. 그러고는 한 상 가득 먹음직스러운 음식을 차려 놓고 디오니소스를 대접했습니다.

"디오니소스 님. 일행들은 모두 어디 가고 홀로 걷고 계셨습니까?"

"하하하. 내가 또 술을 많이 마셨나 봐. 분명히 같이 있었는데 어느새 나 혼자가 됐지 뭔가!"

디오니소스는 머리를 긁적이며 웃었습니다.

"더 큰일이 나지 않은 것이 다행입니다. 농사가 잘 되지 않아 사람들 마음이 거칠어졌거든요."

"프리기아는 부유한 나라가 아니더냐? 부유한 나라라도 자연 앞에서는 어쩔 수가 없구나. 이번 가뭄으로 여러 나라들이 고통받고 있더군."

디오니소스는 술에 취한 모습은 온데간데없이 심각하게 이런 저런 이야기를 했습니다.

"흠, 어쨌든 자네 덕분에 내가 위기를 *모면했다. 나라 살림이 어려운데도 나를 이렇게 대접해 주니 고맙구나. 고마운 마음을 자네에게 어떻게 전달할까?"

***모면하다** 어떤 일이나 책임을 꾀를 써서 벗어나다.

3
미다스의 소원

"디오니소스 님, 사실 저에게는 예전부터 바라던 것이 있습니다.
수없이 꿈꾸었지만 불가능하다는 것을 알기에
그저 상상만 하면서 즐거워했지요."

"아닙니다. 저는 그저 디오니소스 님을 이렇게 저희 궁전으로 모신 것만으로도 영광입니다. 그런 말씀 마십시오."

디오니소스는 비록 술에 취해 봉변을 당할 뻔했지만, 제우스의 아들이요, 신이었습니다. 그러니 인간이 할 수 없는 일도 해낼 수 있었지요. 미다스는 그런 디오니소스 앞에 그저 머리를 조아렸습니다.

"미다스. 내가 아무리 꼴이 이렇다 해도 어엿한

신이다. 인간에게 신세를 지고 가만있을 수는 없지. 바라는 것이 무엇이냐? 내가 네 소원 하나를 들어주겠다."

디오니소스는 신의 기품을 드러내며 말했습니다.

"디오니소스 님 뜻이 정 그렇다면 더 거절하는 것도 예의가 아니겠군요."

디오니소스의 스승, 실레노스

그리스 로마 신화 속에서는 미다스가 디오니소스에게 은혜를 베푼 것이 아니라 디오니소스의 스승 실레노스에게 은혜를 베풀어 황금 손을 갖게 되었다고 해요. 숲에서 자란 디오니소스는 반은 인간이고 반은 짐승인 실레노스에게서 많은 가르침을 받았어요. 실레노스는 비록 모습은 아름답지 않지만 매우 지혜로웠지요. 디오니소스는 그를 스승으로 모시며 함께 여행을 다녔어요. 실레노스도 술과 축제를 무척 즐겼지요. 실레노스는 프리기아에 도착한 날에도 축제를 벌이다가 술에 취해 미다스의 포도밭에서 잠들었어요. 그러다가 도둑으로 몰려 왕 앞에 잡혀갔는데, 미다스가 그를 알아보고 대접해 주었어요. 디오니소스는 그 고마움에 답하려고 미다스의 소원을 들어준답니다.

술에 취한 실레노스

〈술에 취한 실레노스〉 페테르 파울 루벤스

머리에 포도 넝쿨을 두른 실레노스가 술에 취해 휘청거리며 걷고 있어요. 실레노스 옆에 포도나무 가지를 입에 문 호랑이는 디오니소스를 상징해요. 실레노스는 비록 못생기고 항상 술에 취해 있었지만, 디오니소스를 키우고 가르친 매우 지혜로운 스승이었답니다.

미다스는 잠시 생각에 잠겼습니다. 무슨 소원을 말할까 고민하는 얼굴이었습니다. 그러더니 잠시 후 결심한 듯 입을 열었습니다.

"디오니소스 님, 사실 저에게는 예전부터 바라던 것이 있습니다. 수없이 꿈꾸었지만 불가능하다는 것을 알기에 그저 상상만 하면서 즐거워했지요."

“그래, 그것이 무엇이냐? 말해 보아라. 내가 들어주겠다.”

미다스는 목을 가다듬고 말했습니다.

“무리한 부탁인 줄은 알지만, 손에 닿는 것은 무엇이든 황금으로 변하게 해 주십시오.”

“호오, 황금이라…….”

디오니소스의 얼굴에 오묘한 빛이 스쳐 갔습니다.

"그것은 별로 좋은 소원이 아닌 것 같군. 다시 한 번 생각해 보고 다른 소원을 말하게나. 기회는 한 번뿐이야."

미다스는 빙긋이 미소를 지었습니다. 그럴 줄 알았다는 표정이었습니다.

"아무리 신이라 해도 그런 일은 역시 어려운 부탁이겠지요? 역시 제 꿈에서나 가능한 일인가 봅니다."

디오니소스는 자신의 능력을 의심하는 듯한 미다스의 말에 발끈했습니다.

"내 말뜻을 못 알아들었나 보군. 나는 들어줄 능력이 없는 것이 아니라 좋지 않은 소원인 것 같으니 다른 것을 말하라고 한 것이다. 정말 그것을 바라느냐? 더 값어치 있는 소원들이 많을 텐데……."

하지만 미다스의 귀에 디오니소스의 충고는 들어오지 않았습니다. 오직 황금 생각에만 빠져 있었습니다.

"저는 우리 왕국을 부자로 만들고 싶습니다. 제 손에 닿는 것을 모조리 황금으로 바꿀 수만 있다면 다른 것은 필요치 않습니다."

디오니소스는 고개를 흔들었습니다.

"정 그렇다면 어쩔 수 없지. 자네 소원을 들어주겠네. 하지만 한 번 들어준 소원은 되돌릴 수 없으니, 나중에 후회하지는 말게."

디오니소스는 미다스에게 손을 앞으로 내밀라고 했습니다. 그러더니 자신의 지팡이를 갖다 대며 흔들었습니다. 지팡이에서 환한 빛이 뿜어져 나와 이내 미다스의 손으로 들어갔습니다.

4
황금 손을 가진 미다스

미다스는 기뻐서 어쩔 줄 몰랐습니다.

"황금이다! 황금이야!

이제 이 궁전도 황금 궁전이 될 거야."

"와아아!"

지켜보던 신하들은 탄성을 질렀습니다. 포도 넝쿨이 휘감긴 지팡이를 흔들며 빛을 뿜는 디오니소스는 아까의 주정뱅이가 아니었습니다. 빛이 잦아들자 디오니소스가 말했습니다.

"이제 네 소원대로 손으로 만지는 것은 무엇이든지 황금으로 변할 것이다."

"정말입니까? 디오니소스 님!"

미다스는 얼떨떨한 얼굴로 두 손을 들어 바라보고는, 천천히 앞에 놓인 술잔을 집어 들었습니다.

그러자 청동으로 만든 술잔이 번쩍번쩍 빛나는 황금 술잔으로 바뀌었습니다.

"이런, 세상에!"

신하들은 모두 놀라서 소리를 질렀습니다.

"고맙습니다, 디오니소스 님! 정말 고맙습니다. 제 손이 이제 황금 손이 되었군요."

"마냥 기뻐할 일은 아닐 텐데……."

"예? 왜 그렇게 말씀하십니까, 디오니소스 님?"

미다스는 이해할 수 없다는 얼굴로 물었습니다.

"아니다. 나는 피곤해서 이만 잠자리에 들어야겠구나."

디오니소스는 말을 거둔 채 자리에서 일어났습니다.

"여봐라, 디오니소스 님께서 편안히 주무실 수 있도록 방으로 안내하라."

미다스는 디오니소스가 돌아가자 신이 나서 탁자 위에 있는 물건들을 차례로 황금으로 만들었습니다.

마이다스의 손

여러분은 혹시 '마이다스의 손'이라는 말을 들어 본 적 있나요? '마이다스'는 '미다스'의 영어식 표현으로, 이 말은 어떤 일이든 벌이는 일마다 성공하는 재능을 가진 사람, 운이 아주 좋은 사람을 일컫는 말이에요. 이 말은 바로 미다스 왕 이야기에서 비롯되었답니다. 무엇이든 손만 갖다 대면 황금으로 변하게 만드는 능력을 가진 '미다스의 손', 바로 행운을 가져다주는 손이라는 뜻에서 '마이다스의 손'이라는 말이 생겨났지요.

"설마 이것도 황금으로 바뀔까?"

미다스는 궁전 기둥에 살며시 손을 댔습니다. 그 순간 돌기둥은 번쩍거리는 황금 기둥으로 변했습니다.

미다스는 기뻐서 어쩔 줄 몰랐습니다.

"황금이다! 황금이야!

이제 이 궁전도 황금 궁전이 될 거야."

옆에 있던 신하들은 미다스가 손을 대어 황금이 된 것들을 만져 보고 이로 깨물기도 해 보았지만, 그것은 틀림없이 황금이었습니다. 미다스는 궁전 곳곳을 뛰어다니며 궁전 안에 있는 모든 것을 황금으로 만들었습니다.

"만지는 것마다 황금이 되다니! 나는 이제 이 세상 최고의 부자야."

신하들도 덩달아 신이 나서 미다스 주위로 몰려들었습니다. 그리고 미다스가 황금을 만들어 내는 모습을 지켜보며 감탄했습니다.

미다스는 이리저리 돌아다니다 보니 배가 고파 신하에게 명령했습니다.

"여봐라, 이제 우린 부자가 될 테니 한 상 푸짐하게 차려 내 와라!"

곧 신하들이 먹음직스러운 음식이 담긴 접시들을 가지고 들어왔습니다. 미다스는 군침을 흘리며 닭다리 하나를 잡아 입에 넣었습니다. 그 순간 미다스의 입에서 *비명이 터져

*비명 일이 매우 위급하거나 몹시 두려움을 느낄 때 지르는 외마디 소리.

나왔습니다.

"아얏, 이게 뭐야! 누가 돌덩이를 상에 올린 거냐?"

미다스는 닭다리를 도로 내려놓았습니다. 그런데 이게 웬일이죠? 닭다리는 황금으로 변해 있었습니다.

"이럴 수가……."

배고픈 미다스는 다른 음식들도 집어 보았습니다. 하지만 미다스의 손이 닿는 순간, 아삭한 사과는 깨물 수 없는 단단한 황금이 되었고, 향긋한 포도주는 찰랑이는 황금 물로 변했습니다. 미다스는 결국 아무것도 먹을 수 없었습니다.

"어떻게 이런 일이 있을 수 있지.
눈앞에 먹을 것을 잔뜩 두고도
아무것도 먹을 수 없다니……."

미다스는 배가 고픈데 아무 것도 먹을 수 없다는 사실에 너무 화가 났습니다.

"이렇게 부자가 되었는데, 빵 한 조각도 먹을 수 없다는 게 말이 되느냐!"

화가 난 미다스는 황금이 된 음식들을 마구 집어던졌습니다.

"전하, 고정하시옵소서. 저희가 직접 먹여 드리겠습니다."

"옳지! 그 방법이 있었구나. 어서 내 입에 빵과 고기를 넣어다오."

미다스는 급한 마음에 신하의 손을 덥석 잡았습니다. 그런데

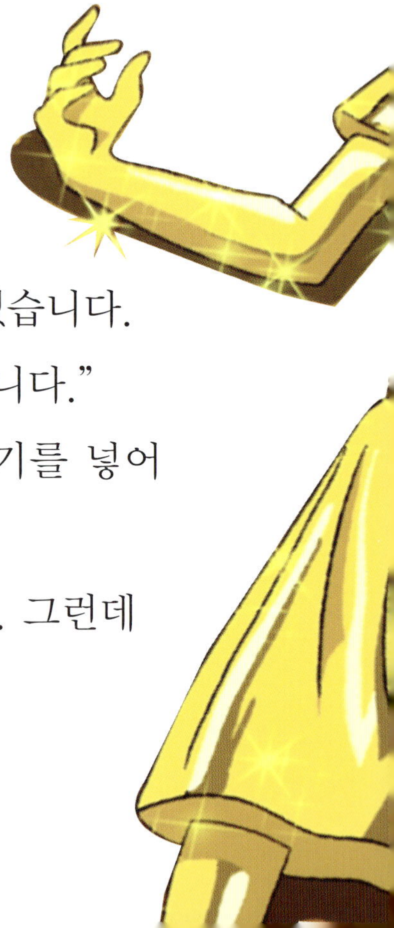

순간 그 신하도 황금으로 변해 버렸습니다. 이것을 지켜본 다른 신하들은 얼굴이 새파랗게 질려 모두 달아났습니다.

"사람 살려!"

미다스는 도망가는 신하들에게 안타깝게 외쳤습니다.

"여봐라, 나를 먹여 주어야지. 모두 어딜 가는 게냐!"

미다스는 이제 혼자 남아 생각에 잠겼습니다.

'손으로 만지는 것마다 황금이 되는 것은 좋지만, 밥도 마음대로 못 먹는다면 무슨 소용이람. 더 늦기 전에 소원을 물러 달라고 해야겠다.'

미다스는 디오니소스가 있는 방으로 찾아갔습니다.

"디오니소스 님, 주무시고 계신가요? 디오니소스 님, 저 미다스입니다."

방에서는 아무 소리도 들리지 않았습니다. 문을 열어 보았지만 디오니소스는 보이지 않았습니다.

'벌써 떠나셨구나.'

미다스는 별 수 없이 돌아왔습니다.

5
황금이 된 공주

"세상 모든 황금을 다 준대도 바꾸지 않을 너인데,
어찌 네가 황금덩이가 되었느냐.
이깟 황금이 뭐라고 내가 너를 이렇게 만들었단 말이냐."

미다스는 아무도 없는 텅 빈 식탁에 앉아 황금으로 된 음식들을 멍하니 바라보았습니다. 미다스는 이제 황금을 보아도 기쁘지가 않았습니다.

그때 밖에 놀러 나갔던 공주가 돌아왔습니다.

"아바마마. 이게 무슨 일인가요? 궁전이 전부 황금이 되었네요. 그리고 이 음식 모양 황금들은 도대체 무엇이지요?"

미다스는 딸을 향해 고개를 들었습니다.

"오, 내 딸아. 이 아비가 모두 설명해 주마."

"아버지, 어째서 얼굴이 그렇게 어두우세요?"

공주는 괴로운 표정을 짓고 있는 미다스에게 와락 안기며 말했습니다.

미다스는 공주가 잘못될까 싶어 얼른 공주를 떼어 놓으려고 했습니다.

"어서 내게서 떨어져라. 안 그러면……."

그 순간 미다스의 손이 공주의 몸에 닿으면서 공주는 바로 차가운 황금으로 변해 버렸습니다. 공주의 부드러운 살결과 찰랑거리는 머리카락은 온데간데없이 그저 단단하게 빛나는 황금이 되어 있었습니다.

"안 돼, 이럴 수는 없어. 공주야, 공주야! 오, 맙소사! 이건 꿈이야."

미다스는 황금이 된

공주를 부둥켜안고 부르짖었습니다.

“세상 모든 황금을 다 준대도 바꾸지 않을 너인데, 어찌 네가 황금덩이가 되었느냐. 이깟 황금이 뭐라고 내가 너를 이렇게 만들었단 말이냐.”

미다스는 텅 빈 궁전이 떠나갈 듯 울부짖었습니다. 하지만 모두 떠난 황금 궁전에는 미다스의 울음을 들어 줄 이가 한 사람도 없었습니다.

'이대로 있을 수는 없어. 당장 디오니소스 님을 찾아가서 이 소원을 없었던 것으로 해 달라고 하자. 황금은 없어도 살지만,

내 딸 없이는 한시도 살 수 없어.'

신하들이 모두 궁전을 떠난 터라 미다스는 황금으로 변한 딸을 등에 업고 디오니소스를 찾아 길을 떠나야 했습니다. 미다스를 가엾게 여긴 몇몇 사람들이 미다스가 딸을 업고 갈 수 있도록 끈으로 칭칭 동여매 주었습니다.

"임금님, 아무쪼록 디오니소스 님을 만나 공주님을 되찾아 오시길 바라겠습니다."

"고맙네. 자네들의 친절함을 잊지 않겠네."

미다스는 먼 길을 떠났습니다.

디오니소스의 신전을 찾는 것은 쉽지 않았습니다. 미다스는 길에서 사람들을 만날 때마다 디오니소스 신전이 어디 있는지 물었습니다. 그러나 사람마다 말이 다르고, 또 알려준 곳으로 가도 도무지 나타나지 않았습니다.

게다가 황금으로 변한 딸은 엄청나게 무거웠을뿐더러 뜨거운 햇볕이 내리쬐는 날이면 뜨겁게 달아올랐습니다.

"아이고 뜨거워라. 황금으로 변한 너는 오죽이나 뜨겁고 덥겠느냐? 조금만 참으렴, 공주야."

미다스는 딸의 모습을 되돌려 놓겠다는 의지로 쉬지 않고 걸었습니다.

그렇게 며칠이 흐르고 몇 달이 흘렀습니다. 시간이 흐를수록 미다스는 애가 탔습니다.

'도대체 디오니소스 신전은 어디 있단 말인가. 찾아갈 수는 있을까?'

신화 OLYMPUS GUARDIAN 뒷이야기

내가 손으로 만지는 것마다 황금이 된다면 어떨까요? 누구나 한 번쯤은 꿈꿔 봤을 만한 이야기입니다. 그렇지만 황금을 만드는 손이 어떤 결과를 가져올지 생각하는 사람은 많지 않습니다. 부자가 되어서 갖고 싶은 것은 무엇이든 갖고, 하고 싶은 것은 모두 하면서 살면 마냥 행복할 것 같습니다. 하지만 황금이나 돈이 많다고 해서 정말로 행복해질까요?

디오니소스에게 소원을 빌어 만지는 것마다 황금으로 바뀌는 신통한 손을 얻은 미다스도 처음에는 세상을 다 가진 것처럼 신이 났습니다. 그렇지만 황금을 얻은 대신, 먹고 마시는 일조차 제대로 하지 못 하게 되고, 사랑하는 딸마저 황금으로 바뀌고 맙니다. 결국 미다스는 황금보다 중요한 것이 무엇인지 깨닫고는 모든 것을 되돌리기 위해 디오니소스를 찾아가지요.

황금이나 돈만 좇는 것을 일컬어 '황금만능주의'라고 합니다. 황금만능주의는 사람들로 하여금 '돈으로 무엇이든 할 수 있으니까 돈이 최고야.' 같은 생각을 갖게 합니다. 이런 생각에 빠지면 우리의 삶에 더 소중한 것을 잊어버리게 됩니다. 그 결과 남의 돈을 빼앗거나 자신의 양심을 속이며 범죄를 저지르기도 하지요.

황금을 가진다면 편하고 즐거운 삶을 사는 데 쓸 수 있을 것입니다. 하지만 다른 소중한 가치들을 저버리고 얻은 황금은 우리에게 결코 행복을 가져다주지 못합니다. 미다스 왕 이야기는 우리에게 황금만능주의에 빠지지 말라고 경고하고 있습니다.

올림포스 신들의 계보

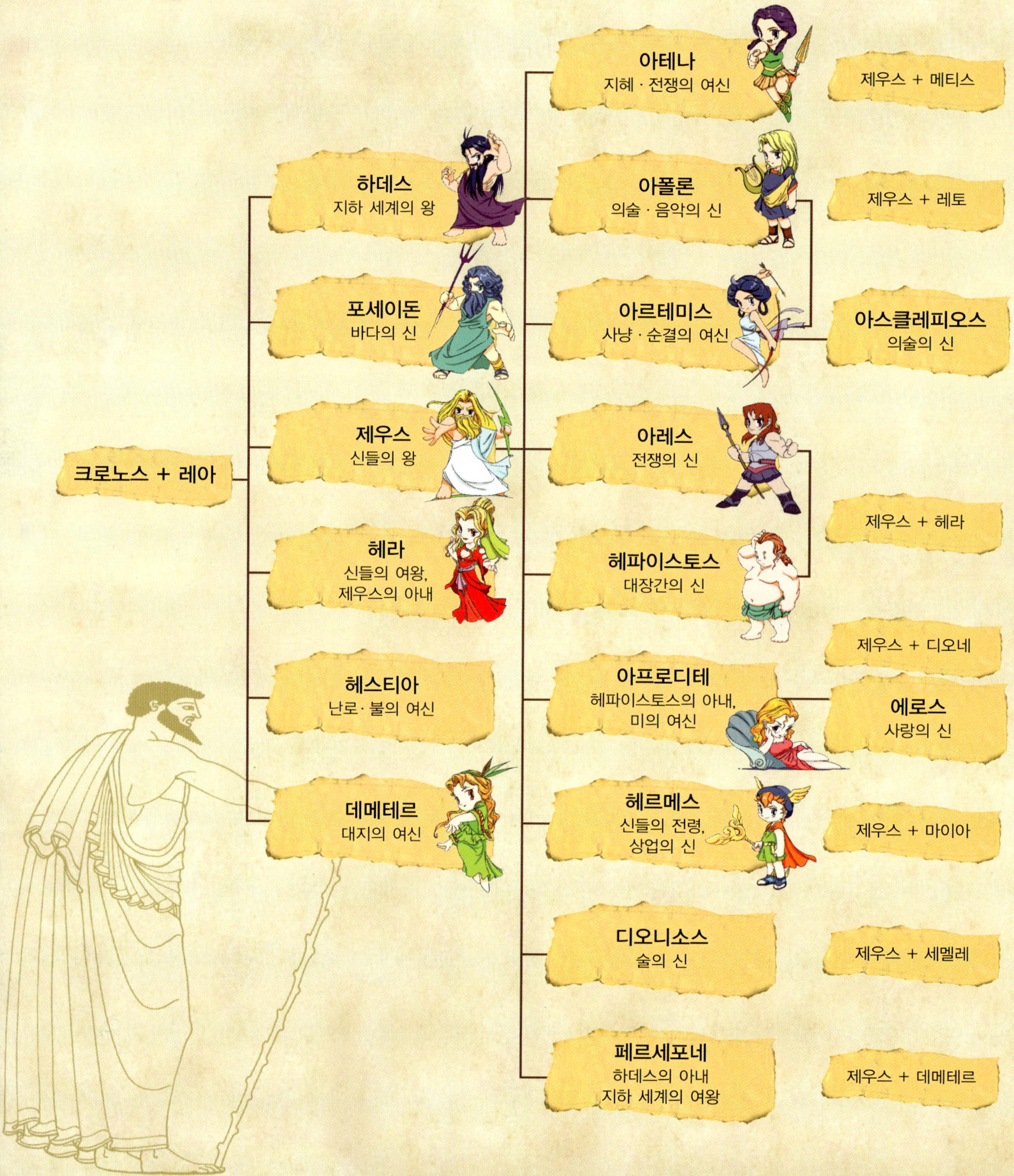
크로노스 + 레아
하데스
지하 세계의 왕
포세이돈
바다의 신
제우스
신들의 왕
헤라
신들의 여왕,
제우스의 아내
헤스티아
난로·불의 여신
데메테르
대지의 여신
아테나
지혜 · 전쟁의 여신
제우스 + 메티스
아폴론
의술 · 음악의 신
제우스 + 레토
아르테미스
사냥 · 순결의 여신
아스클레피오스
의술의 신
아레스
전쟁의 신
제우스 + 헤라
헤파이스토스
대장간의 신
제우스 + 디오네
아프로디테
헤파이스토스의 아내,
미의 여신
에로스
사랑의 신
헤르메스
신들의 전령,
상업의 신
제우스 + 마이아
디오니소스
술의 신
제우스 + 세멜레
페르세포네
하데스의 아내
지하 세계의 여왕
제우스 + 데메테르

그리스 로마 신화 주요 인물의 이름

그리스 어	로마 어	영어
가이아	텔루스	
니케	빅토리아	나이키, 빅토리
데메테르	케레스	세레스
디오니소스	바쿠스	바커스
레아	키벨레	시벨레
아레스	마르스	마스
아르테미스	디아나	다이애나
아테나	아테네, 미네르바	
아폴론	아폴로	아폴로
아프로디테	베누스	비너스
에로스	쿠피드, 아모르	큐피드
오디세우스	울릭세스	율리시스
우라노스	카일루스	유러너스
제우스	유피테르	주피터
크로노스	사투르누스	새턴
페르세포네	프로세르피나	
포세이돈	넵투누스	넵튠
하데스	플루톤	플루토
헤라	유노	주노
헤라클레스	헤르쿨레스	허큘리스
헤르메스	메르쿠리우스	머큐리
헤스티아	베스타	
헤파이스토스	불카누스	벌컨

그리스 로마 신화 올림포스 가디언 31
황금 손을 가진 미다스

펴낸이 양원석
펴낸곳 (주)알에이치코리아
등록 2004년 1월 15일 제2-3726호
주소 서울특별시 금천구 가산디지털2로 53, 20층 (한라시그마밸리)
문의전화 02)6443-8800

ISBN 978-89-255-4417-5(74800)
ISBN 978-89-255-4354-3(세트)

값 12,800원

원작 만화로 보는 그리스 로마 신화(가나출판사)
이광진 엮음, 홍은영 그림
명화 구입처 유로크레온(주)